Coleção dos SONHOS
PARA EDUCAÇÃO FINANCEIRA
EM QUADRINHOS

NICO E AS OVELHAS

www.editoradsop.com.br

Presidente: PhD Reinaldo Domingos
Coordenadora editorial: Renata de Sá
Redatora: Brenda Carolina
Editora de texto: Sabrina Levensteinas
Editora de arte: Marisa Corazza
Revisora: Gabriela Andrade

www.senioreditora.com.br
Instagram: @senior.editora

Editor colaborador: Samuel Vieira
Blue Line Studio
Diretor de arte: João Costa
Colaboradores
Desenhos: Aparecido F. Norberto (Cidão)
Arte final HQ e capa: Omar Viñole
Arte final das atividades: Léo Munhoz
Cor HQ e capa: Thiago Ribeiro
Flats: Priscila Sansone
Letras: Fausto Costa

Rua Alba, 88 – CEP: 04346-000
Vl. Pq. Jabaquara – São Paulo – SP
Tel.: 11 3177-7800

Dados Internacionais de Catalogação na Publicação (CIP)
(Câmara Brasileira do Livro, SP, Brasil)

Domingos, Reinaldo
Nico e as ovelhas / Reinaldo Domingos ; [ilustração Blue Line Studio de Artes]. -- São Paulo : Editora DSOP, 2021.

ISBN 978-65-87565-51-4

1. Educação financeira 2. Finanças - Literatura infantojuvenil 3. Sonhos - Literatura infantojuvenil I.Blue Line Studio de Artes. II. Título.

21-67068 CDD-028.5

Índices para catálogo sistemático:

1. Educação financeira : Literatura infantil 028.5
2. Educação financeira : Literatura infantojuvenil 028.5

Maria Alice Ferreira - Bibliotecária - CRB-8/7964

NICO EM:
NICO E AS OVELHAS
UM DIA, NO SÍTIO DO SEU AVÔ, NICO OBSERVAVA ATENTAMENTE OS ANIMAIS...
HAVIA A VACA MIMOSA, AS GALINHAS E OS PINTINHOS...
POR UM INSTANTE, NICO PENSOU EM ABRIR A PORTINHOLA QUE SEPARAVA ELE DOS BICHOS...

NICO... O QUE VOCÊ ESTÁ FAZENDO?
OPS!!! AH... É QUE EU ESTAVA PENSANDO... POR QUE NÓS E OS ANIMAIS NÃO PODEMOS FICAR JUNTOS, VOVÔ?
PARA QUE TODOS FIQUEM SEGUROS. ALÉM DISSO, ELES PODEM FUGIR. ENTÃO, JAMAIS ABRA A PORTINHOLA, OK?
ERRRRRR... AHN... TÁ BEM, VÔ AMADEU.
ÓTIMO!

ALGUNS DIAS DEPOIS, NICO VOLTOU AO SÍTIO DO SEU AVÔ.

ELE PERCEBEU QUE HAVIA ALGO DIFERENTE, MAS NÃO SABIA DIZER O QUE ERA.

E O AVÔ AMADEU ESTAVA MUITO AGITADO E FELIZ.

TENHO UMA NOVIDADE, NICO!
CALMA, MENINO! VOU COMEÇAR UMA NOVA CRIAÇÃO DE ANIMAIS AQUI NO SÍTIO.
WOW! CONTA, CONTA LOGO, VÔ! QUERO SABER!
VAMOS TER UM JACARÉ DAQUELES BEM GRANDÕES?
HÃ? QUÊ? NÃÃÃOOO!
HUMMMM... MACAQUINHOS ENTÃO?
AI, AI, NICO, SÓ VOCÊ MESMO. NÃO, NADA DISSO! TEREMOS OVELHAS!
UAUUUU! QUE LEGAL! MAS EU NUNCA VI UMA OVELHA...
APROVEITE O CAMINHO DE VOLTA PARA OBSERVAR AS OVELHAS QUE EXISTEM NOS PASTOS DE OUTROS SÍTIOS DA VIZINHANÇA.

NO CAMINHO PARA CASA, NICO OBSERVAVA TUDO COM MUITA ATENÇÃO.
SUA IRMÃ E SEUS PAIS ESTAVAM TENTANDO ENTENDER O QUE ACONTECIA.
MAS NICO ESTAVA CONCENTRADO, PRESTANDO ATENÇÃO AOS MÍNIMOS DETALHES.
ATÉ QUE FINALMENTE ACHOU O QUE PROCURAVA!

OLHEM LÁ, GENTE!
LÁ NO PASTO, PARECENDO UM MONTE DE BOLAS DE ALGODÃO...
OLHAR O QUÊ?
AHH! SÃO OVELHAS, NICO!
WOWWW! ELAS SÃO TÃO FOFINHAS. PARECEM NUVENS... E SÃO LINDAS!

QUANDO CHEGOU EM CASA, NICO PEDIU À SUA MÃE AJUDA PARA PESQUISAR TUDO SOBRE OVELHAS. DEPOIS DE MUITO PESQUISAR, ELE TEVE UMA IDEIA...
MÃE, EU QUERO UMA OVELHA!
DE PELÚCIA, NÉ?
NÃO, NÃO. UMA DE VERDADE MESMO.
HÃ?!!! COMO ASSIM???
BOM... É QUE EU PRECISO MUITO DE UMA OVELHA, MÃE!
PRECISA? ACHO QUE VOCÊ QUER DIZER QUE QUER UMA OVELHA E NÃO QUE PRECISA DELA, CERTO?

HUMMM, E QUAL É A DIFERENÇA?
ESSE SEU DESEJO NÃO É UMA NECESSIDADE. É ALGO DO QUAL VOCÊ PODE ABRIR MÃO.
SENDO ASSIM, VOCÊ NÃO PRECISA DE UMA OVELHA, VOCÊ QUER UMA. E É IMPOSSÍVEL TERMOS UMA AQUI EM CASA.
HUM... ENTENDI. MAS POR QUÊ?
IMAGINA SÓ: O NICO QUER UMA OVELHA DE VERDADE AGORA.
GLUP! ENTÃO, FILHO... NÓS NÃO TEMOS ESPAÇO NEM CONDIÇÕES PARA CUIDAR DE UMA OVELHA DENTRO DE CASA.
ERA ISSO QUE EU IA EXPLICAR PARA ELE AGORA.

PODE SIM, FILHO. ESSA COM CERTEZA DÁ BEM MENOS TRABALHO...
OHHHH SE DÁ!
SIM, ENTENDI... BOM, PELO MENOS UMA DE PELÚCIA EU AINDA POSSO TER, NÃO É?

ALGUMAS SEMANAS DEPOIS, NICO FOI PARA O SÍTIO DO VÔ AMADEU...
QUE BOM QUE CHEGARAM! TENHO UMA NOVIDADE PARA MOSTRAR!
OLHE, NICO! TEMOS QUATRO OVELHAS.
UAUUUUUU! ELAS SÃO LINDAS!
A QUE EU MAIS GOSTEI FOI ESSA COM PATINHAS E ROSTO PRETOS.
POR QUE NÃO DÁ UM NOME A ELA?

YEOW! ÓTIMA IDEIA, VOVÔ! HUMMM... ACHO QUE ELA TEM CARA DE MATILDA.

ESSE É UM ÓTIMO NOME, NICO! MATILDA ENTÃO!

AGORA EU PRECISO CONSTRUIR UM ESPAÇO PARA ELAS. MAS NÃO VAI SAIR BARATO, VOU PRECISAR DE MUITO DINHEIRO.
AHHH, VOVÔ! O SENHOR PODE GUARDAR DINHEIRO EM UM COFRINHO, COMO ME ENSINOU QUANDO EU QUERIA COMPRAR MINHA CAIXA DE GIZ DE CERA.
E VOCÊ APRENDEU MUITO BEM, NICO!

UM DIA, NICO, LELÊ E TITI PASSEAVAM PELA CIDADE COM SUA MÃE...
QUANDO, DE REPENTE... NICO AVISTOU UMA OVELHA DE PELÚCIA IGUALZINHA À MATILDA!
NICO FICOU MARAVILHADO COM A OVELHA... E, AGORA, MAIS DO QUE NUNCA, QUERIA TER UMA SÓ DELE...

HUMMM, JÁ ATÉ SEI COMO FAZER PARA CONSEGUIR ESSA OVELHA, MAMÃE!
ESSA EU QUERO SABER!
UÉ, COM OS QUATRO PASSOS QUE O VOVÔ ENSINOU. O PASSO UM, **DIAGNOSTICAR**, EU JÁ FIZ, QUE FOI OBSERVAR BEM DE PERTINHO.
O PASSO DOIS, **SONHAR**, É ESCOLHER UM SONHO: ESSA OVELHA.
CERTO. O QUE MAIS?
O PASSO TRÊS É O MAIS COMPLICADO. COMO É MESMO QUE O VOVÔ FALA, MÃE?
ORÇAR, QUE SÃO AS ESTRATÉGIAS, NICO.
ISSO. VOU LEVAR LANCHE DE CASA TODOS OS DIAS...
E VAI FAZER O QUE COM O DINHEIRO QUE A MAMÃE TE DÁ?
VOU USAR PARA O ÚLTIMO PASSO: **POUPAR** MINHAS MOEDAS NO COFRINHO PARA COMPRAR A OVELHA.

SEMPRE QUE NICO GANHAVA UMA MOEDA DA SUA MÃE OU DO SEU PAI, DEPOSITAVA NO COFRINHO.
ALÔ, SEU AMADEU...
IREMOS SIM. PODE FICAR TRANQUILO. O NICO VAI ADORAR! TCHAU!
O QUE EU VOU ADORAR?
JÁ QUE AS FÉRIAS ESCOLARES ESTÃO CHEGANDO, SEU AVÔ CONVIDOU A GENTE PARA PASSAR UM TEMPO NO SÍTIO.
...

WOOOWW! VOU PODER VER A MATILDA E AINDA CUIDAR DOS OUTROS ANIMAIS?
VAI SIM!
OBAAAA... VOU LEVAR MEU COFRINHO PARA MOSTRAR AO VOVÔ O QUANTO EU JÁ POUPEI.
ÓTIMA IDEIA.

CERTO DIA NO SÍTIO...
SÓ MAIS UM POUQUINHO...
MATILDA, NÃÃÃO!

FILHO, NÃÃÃOOOOOO!
DESCULPA, MAMÃE... EU QUERIA PASSAR A MÃO NO PELO DA MATILDA.
EU ENTENDO, FILHO... MAS VOCÊ DEVERIA TER OBEDECIDO ÀS ORDENS DO SEU AVÔ DE NÃO ABRIR A PORTINHOLA. PARA ONDE ELA FOI?
O QUE HOUVE?
ME PERDOA, VOVÔ... EU SÓ QUERIA PASSAR A MÃO NA MATILDA E A DEIXEI ESCAPAR...
BUÁÁ
BUÁÁ
BUÁÁ
BUÁÁ
BUÁÁ

TODOS FORAM ATRÁS DA MATILDA.
MATILDAAAA! ÔÔÔÔ, MATILDA! MATILDINHA...
MATILDA... VEM AQUI, VAMOS... VENHA PARA CASA!
MATILDAAAAAA!
MATILDA, CADÊ VOCÊ?!

PROCURARAM POR SEMANAS... ATÉ QUE FINALMENTE A ENCONTRARAM.
ASSIM QUE SOUBE DA NOTÍCIA, A FAMÍLIA DE NICO RETORNOU AO SÍTIO.
AHHHHHH! QUE BOM QUE TE ENCONTRAMOS, MATILDA!
O QUE FOI, NICO?
ELA PARECE ESTRANHA...
VAMOS CHAMAR O VETERINÁRIO E DESCOBRIR.

TÁ TUDO BEM COM ELA?
SIM. ESTÁ TUDO BEM COM ELES.
EEEELES???
SIM, A MATILDA ESTÁ GRÁVIDA.

VOCÊS NÃO VÃO ACREDITAR.
A MATILDA VAI TER UM MONTE DE FILHOTES.
MINHA NOSSA! UM MONTE?
DOUTOR?
NICO, A MATILDA TERÁ APENAS UM FILHOTE.
AAAH, NÃO VEJO A HORA DE VER O NOVO CORDEIRINHO.
CORDEIRINHO?
É, NICO! É ASSIM QUE CHAMAMOS UM FILHOTE DE OVELHA.

ALGUM TEMPO DEPOIS...
VOVÔ, ELE É MUITO FOFO!
É, SIM! E QUE TAL SE ESSE FILHOTINHO FOR SEU?
VOU CHAMÁ-LO DE CHOCOLATE!
AGORA QUE VOCÊ REALIZOU O SONHO DE TER UMA OVELHA DE VERDADE, VAI QUERER AINDA UMA DE PELÚCIA?
VOU SIM. MEU COFRE ESTÁ CHEIO.

APÓS CONSEGUIR POUPAR SUAS MOEDAS NO COFRINHO, NICO CONSEGUIU COMPRAR A OVELHA DE PELÚCIA QUE TANTO QUERIA.
DIFERENTEMENTE DO QUE IMAGINAVA, O GAROTO ACABOU ESCOLHENDO UMA OVELHA QUE SE PARECESSE COM CHOCOLATE, E NÃO COM MATILDA.

MAS OS SONHOS DE NICO NUNCA TERMINAM, E LOGO MAIS ELE TERÁ OUTROS... QUAL SERÁ O PRÓXIMO?
FIM.

ATIVIDADES

1. CIRCULE E, EM SEGUIDA, PINTE O ANIMAL QUE O VÔ AMADEU DECIDIU COMPRAR PARA O SÍTIO.

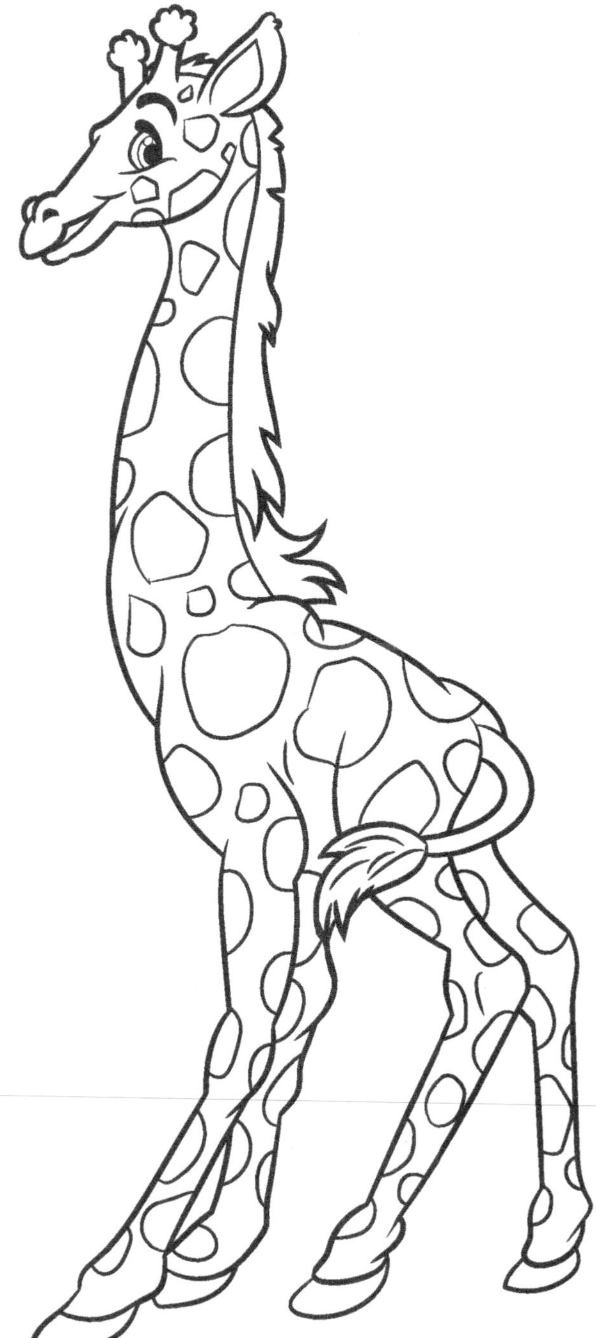

2. PINTE O DESENHO DA OVELHA MENOR E COMPLETE COM ALGODÃO O DESENHO DA OVELHA MAIOR.

3. NICO DISSE QUE PRECISAVA DE UMA OVELHA. PORÉM, SUA MÃE EXPLICOU QUE ISSO ERA UM DESEJO, E NÃO UMA NECESSIDADE.

FAÇA UM **X** NAS FIGURAS QUE REPRESENTAM NECESSIDADES REAIS PARA VIVER BEM E COM SAÚDE.

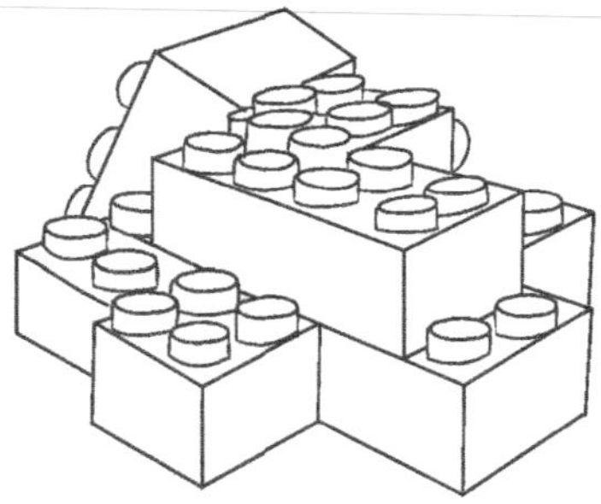

4. MATILDA FUGIU, MAS LOGO FOI ENCONTRADA. PINTE O CAMINHO CORRETO E AJUDE NICO A LEVAR A OVELHA DE VOLTA PARA O SÍTIO.

5. OS ANIMAIS PRECISAM DE CUIDADOS. CIRCULE QUEM FOI CHAMADO PARA CUIDAR DA OVELHA MATILDA?

Vitoria Nascimento

REINALDO DOMINGOS NASCEU EM CASA BRANCA, INTERIOR DE SÃO PAULO. FILHO DE PAI FERROVIÁRIO E DE MÃE AUTÔNOMA, AOS 12 ANOS DE IDADE REALIZOU O PRIMEIRO DOS SEUS MUITOS SONHOS: COMPRAR UMA BICICLETA. ATUALMENTE, É PHD EM EDUCAÇÃO FINANCEIRA E MENTOR DE UMA METODOLOGIA COMPORTAMENTAL, A **METODOLOGIA DSOP**, QUE APRENDEU QUANDO AINDA ERA APENAS UMA CRIANÇA. AUTOR DE DIVERSOS LIVROS PARA O PÚBLICO INFANTOJUVENIL, PUBLICOU AS SÉRIES *O MENINO E O DINHEIRO*; *O MENINO DO DINHEIRO*; E OS LIVROS *O MENINO DO DINHEIRO EM CORDEL* (PNLD 2018), *DIÁRIO DOS SONHOS*, *A MENINA DO RIO*, ENTRE OUTROS. EM PARCERIA COM MAURICIO DE SOUSA, LANÇOU AS OBRAS *COMO CÃES E GATOS*, *VISITA À FAZENDINHA*, *SEM SONHOS* E *O SUMIÇO DO CEBOLA*. AUTOR DE TRÊS COLEÇÕES DIDÁTICAS DE EDUCAÇÃO FINANCEIRA PARA O ENSINO BÁSICO DO PAÍS, ADOTADAS POR DIVERSAS ESCOLAS PÚBLICAS E PRIVADAS, É COAUTOR DA OBRA *JUVENTUDE PLURAL – PROJETO DE VIDA*, OBRA DE ENSINO MÉDIO APROVADA NO PNLD 2021.